やさしい点字 ④

点字を ささえる 人びと

監修 日本点字委員会

国土社

はじめに

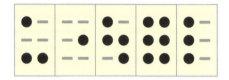

　まちで大きな本屋さんに入ると、おもしろそうな本がたくさん並んでいますね。でも、目が見えない人は、すぐにそれを読むことはできません。点字で読みたい人にとっては、誰かに点字にしてもらうことで、初めて読書を楽しむことができるのです。

　レストランのメニュー、電気製品の取扱説明書、新聞、学校の教科書、試験問題など、本屋さん以外の場所でも、点字で読めないと困ってしまう文章がたくさんあります。見えない人の不自由さを助けるために、たくさんの点字をささえる人びとが必要なのです。

　この本では、点訳ボランティア、点字図書館職員、点字指導員、点字新聞記者、盲学校の先生に、お話をお聞きしました。点訳は、とても根気のいる作業ですが、みなさん点字が大好きで、点字をささえる仕事に誇りをもって、取り組まれている気持ちが伝わってくると思います。このような人たちが、全国にたくさんいて、点字をささえてくださっています。

　少しでも多くの点字の本を届けるために活躍するみなさんのことを通して、点字がなぜ必要なのか、点字の背景を知っていただきたいと思います。

もくじ

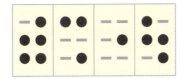

点訳ボランティアって、なに？ ………………………… 4
点字図書館って、なに？ ………………………………… 6
点字図書ができるまで …………………………………… 8
点字をささえる人①
　点訳ボランティア（日本点字図書館）館 佳子さん ……………… 10
点字をささえる人②
　点字図書館職員（日本ライトハウス情報文化センター）奥野真里さん …… 16
点字をささえる人③
　点字指導員（静岡県視覚障害者情報支援センター）黒崎よし乃さん ……… 22
点字新聞って、なに？ …………………………………… 28
『点字毎日』ができるまで ………………………………… 30
点字をささえる人④
　点字新聞記者（『点字毎日』編集部）佐木理人さん ……………… 32
経験者が語る駅のホーム転落事故 ……………………… 38
視覚支援学校って、どんなところ？ …………………… 40
点字をささえる人⑤
　視覚支援学校教諭（福島県立視覚支援学校）渡邊寛子さん …………… 42

点訳ボランティアって、なに？

点訳ボランティアは、本や雑誌などを無償で点字に訳している人びとだよ。日本の点字文化は、たくさんの点訳ボランティアにささえられているんだ。

文章を正しく点字にする仕事

目を使って読む墨字の文章を、指で読む点字にすることを点訳といいます。

点訳ボランティアは、目の不自由な人びと（視覚障害者）が本・雑誌・新聞・広報紙・教科書などを読めるように、その文章を正しく点訳しています。

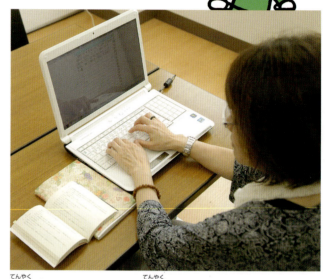
点訳ボランティアによる、点訳のようす。

点字図書は、基本的にB5サイズ。点字は漢字を使わずにかな文字で書くため、分量が増え、1冊の本を点訳すると、2冊以上になることが多い。

おもに点字図書の作成をおこなう

点字で書かれた本を点字図書、雑誌を点字雑誌といいます。その多くが、点訳ボランティアによって点訳されたものです。

また、目の不自由な人の必要に応じて、お店のメニュー・学校のプリント・テストなど、さまざまなものが点訳されています。

点字の専門的な知識が求められる

分かち書きをはじめ、点字にはたくさんの決まりがあるので（2巻40ページ）、正しく点訳するためには、点字のルールをしっかりと理解する必要があります。各地の点字図書館などで点訳ボランティアになるための講習を受ければ、点訳の専門的な内容をしっかりと学ぶことができます。

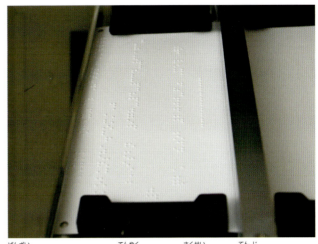

現在では、パソコンで点訳データが作成され、点字プリンターで印刷されることが多い。

漢字の読みを正しく調べる

点字では、かな文字・アルファベット・数字などをあらわすことができますが、漢字は使いません。そのため、点訳のときに、すべての漢字の読みをかな文字に正しく直さなければなりません。点訳ボランティアには、難しい漢字の読みを辞書でコツコツと調べる根気も必要です。

点訳する人が漢字の読みをまちがえると、目の不自由な人は、文章を正しく読みとれなくなる。

点訳や校正の作業は、基本的に自宅で

点訳ボランティアは、基本的にはボランティア活動として、自宅のパソコンで点訳作業をおこないます。点訳のほかにも、点字データの編集や、点訳された文章が正しいかどうかをチェックする校正なども、おもにボランティアでおこなっています。

点訳ボランティアは、点字図書館などの点訳作業室に定期的に集まり、点訳や校正について、具体的な打ち合わせや情報の共有をしている。

点字図書館って、なに？

点字図書館は、たくさんの点字の本があるだけではなく、目の不自由な人が、生活に必要なさまざまな情報を手に入れることができるところなんだ。点字図書館のヒミツをさぐってみよう！

目の不自由な人のために情報を提供する図書館

点字図書館のおもな仕事は、点字図書と録音図書の製作や貸し出しです。しかし、現在はそれだけにとどまらず、目の不自由な人が心豊かな生活をおくるために、さまざまな情報を提供する情報センターとしての役割が重要になってきています。

とくに、東京にある日本点字図書館と、大阪にある日本ライトハウス情報文化センターは、日本を代表する点字図書館として有名です。そのほか、都道府県のすべてに1館以上の点字図書館があります。

点字図書・点字雑誌の製作と貸し出し

点字図書館では、さまざまな点字図書や点字雑誌がつくられ、書庫に保管されています。利用登録をした目の不自由な人は、点字図書館に来館して本を借りることもできますが、電話・FAX・手紙・インターネットなどで申しこみ、無料で家まで郵送してもらうこともできます。

> 読みたい本を別の点字図書館から取り寄せてもらって、借りることもできるよ。

点字図書館の書庫。点字図書は1冊が何巻にも分かれるため、書庫には、広いスペースが必要になる。

点字図書館では、ほとんどが郵送による貸し出しなので、貸し出しカウンターでは発送作業がおこなわれている。

録音図書・録音雑誌の製作と貸し出し

　点字図書とともに、録音図書や録音雑誌の製作・貸し出しも、点字図書館の大きな仕事です。点字を読めない人にとって、音声で読むことができる録音図書などは、貴重な情報源となります。

　近年、インターネットや電子書籍の発達とともに、デジタル録音されて読みたい場所をかんたんにさがせるデイジー図書や、音声と文章を組み合わせたマルチメディア・デイジー図書が広まりつつあります。

録音図書も、たくさんのボランティアによって、つくられている。

読みたい本をさがし、点訳や対面朗読もおこなう

　点字図書館では、利用者が読みたい本をさがしてくれます。また、視覚障害者に関係する施設や団体を紹介したり、目の不自由な人の生活に役立つ道具を販売したり、目の不自由な人のために、さまざまなサービスが提供されています。

メニューなど、本ではないものの点訳サービスや、目の不自由な人に1対1で本を朗読する対面朗読のサービスもあるよ。

対面朗読室。対面朗読のサービスは、点字図書館だけでなく、公共図書館でもおこなわれているところが多い。

サピエ

　サピエは、全国の点字図書館・公共図書館・ボランティア団体などが参加して、さまざまな情報を視覚障害者などに提供するネットワークのことで、約1万6千人の視覚障害者などが利用しています。会員に登録すれば、インターネット上のホームページから、約20万タイトルの点字データや、約8万タイトルの音声デイジーデータをパソコンやスマートフォンにダウンロードできます。

また、全国の点字図書館などにある約75万タイトルの点字図書や録音図書をリクエストなどによって利用できます（2018年3月時点）。

♥選書

点字図書館などで職員が話しあって、点訳する本を選びます。利用者からのリクエストや蔵書のバランスを考えながら、さまざまなジャンルの本が選ばれます。

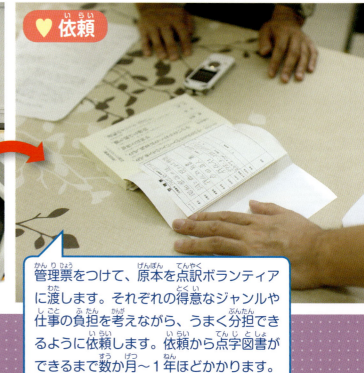

♥依頼

管理票をつけて、原本を点訳ボランティアに渡します。それぞれの得意なジャンルや仕事の負担を考えながら、うまく分担できるように依頼します。依頼から点字図書ができるまで数か月〜1年ほどかかります。

点字図書ができるまで

点字図書は、目の見えない人のためにつくられている本だよ。
だから、目の見える人が、ふだん見かけることは少ないよね。
点字図書は、いったい、どのようにつくられているのかな？

点字プリンターで点字が印刷された紙は連続用紙なので、専用のカッターで1枚ずつ切り離していきます。

♥製本・装丁

カットされた紙が専用のがんじょうなバインダーにとじられます。バインダーには、本のタイトルや巻数などを書いた点字のラベルをはります。点字は1ページに書ける文字数が少ないので、1冊の本が何冊ものバインダーに分かれます。

♥カット

♥ 点訳

点訳ボランティアは、自宅のパソコンの点訳ソフトで、点訳作業をおこないます。原本を見ながら、点字の決まりにしたがって、データを入力していきます。
点字はかな文字で書くので、わからない漢字の読みは、辞書やインターネットを使って正しい読み方を調べていきます。どうしてもわからない場合は、点字図書館の職員などに相談します。

♥ 見直し

入力が終わったら、ていねいに見直して、まちがいがないかどうかをチェックします。

点訳ボランティアからメールで送られてきた点訳データを別の校正者が原本と照らし合わせていきます。修正点などが見つかったら、校正表に書き出していきます。

♥ 読みあわせ校正

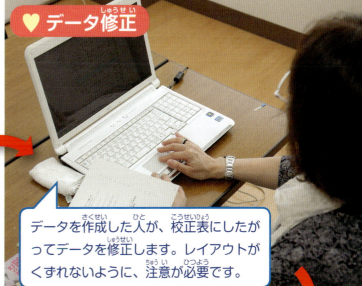

♥ データ修正

データを作成した人が、校正表にしたがってデータを修正します。レイアウトがくずれないように、注意が必要です。

♥ 印刷

完成した点訳データは、点字プリンターで紙の両面に高速で印刷されていきます。

♥ 最終校正（素読み）

修正後に再提出された点訳データは、点字プリンターで紙に打ち出され、点字図書館の職員などが最終チェックをします。

点字をささえる人 ①

点訳ボランティア
（日本点字図書館）
館 佳子さん

子ども時代

国立の学校に通っていた小・中学校時代はあまり夢がない、目的もない、どちらかというと無気力な子どもでした。まわりにできる子がたくさんいるので、「自分なんか」って思うタイプで。自分ができないと思っていたから、勉強は好きじゃなかったです。
高校は国立から、私立のキリスト教系の高校に転入しました。人のために何かをする大切さと、勉強することの楽しさ、がんばれば、もしかしたらできるのかもしれないということを知ったのは高校からです。国立出身ということで、学校を背負っているようなプレッシャーがあって、一生懸命勉強したら、成績が上がったので、「あ、勉強するって、こういうことなんだな」と思いました。

音楽

音楽教室に通っていて、ピアノを弾いたり、リコーダーをやったり、もともと音楽が好きな子どもでした。先生がメロディーを弾いたらぜんぶ聞き取れていましたし。クラリネットをやりたかったんですけど、親は「女の子はフルートがいい」と言って、それってどうなんだろう？ ちょっとちがうかな？ みたいに感じていました。そのくらいから、ちょうど思春期と重なった難しい時期でした。
大人になって、本当は音楽を浴びるくらい聞けるような仕事をしたかったんですけど、そこには道がなかったんです。洋楽が好きだったので、レコード店ではたらいたこともありますし、ラジオの放送番組をつくる会社にもいたんです。でも、音楽の道には結びつかなかった。好きという気持ちがかならずしも道になるわけではないし、もし、その道が断たれても、それがすべてではないんです。

点訳ボランティアという仕事

館さんは、東京にある日本点字図書館の点訳ボランティアとして活躍しています。点訳や校正の作業は、基本的に自宅でおこなっています。

また、点字指導員や点字技能師として、各地の市町村・大学・ボランティア団体などの点字講習会で、点字を教える講師をいくつもつとめています。

さらに、自分が担当した講習会の受講生がつくった勉強会などでも講師をつとめ、点訳のやり方はもちろん、点字や視覚障害に関するさまざまな知識を広く伝えています。

点訳のポイントをわかりやすく説明する館さん。

本のレイアウトをチェックしながら、どのように点訳しようかと、あらかじめ考えておく。

点字との出会い

館さんの点字との出会いは、美大をめざす盲ろうの人が主人公のドラマでした。自分はめぐまれて勉強できていたことに、それを観て気づいた館さん。学校に行きたくても、行きたいところへ行けない人もいるし、サポートがなかったら学べない人もいるということを実感しました。そこで、そういう人をサポートしたいと思い、点字の勉強を始めました。

同じころ、近所で同じ視覚障害の人と何度も出会い、仲良くなりました。それまでは点字のことも、視覚障害者のこともまったく知らなかったので、「その時期にどっと押し寄せる感じだった」そうです。

点訳の作業

まず、原本の全体を見てレイアウトを確認し、さまざまな大きさの見出しや、図表・写真・キャプションを、どのように点訳するかを考えます。

次に、パソコンのキーボードを使って点字のデータを入力していきます。ある程度入力が終わると、原本と照らし合わせながら、さらに誤字などを一言一句、見直していきます。

館さんの場合、入力や見直しを進めていくなかで気になるところは、すべてノートにメモしていきます。また、わからないところには印をつけておいて、あとで、まとめて調べています。

昔は、点字盤や点字タイプライターを使っていた。点訳する前に漢字の読みを慎重に調べる。

点訳したい本、点訳できる本

　点字図書は、いくつもの団体が同じ本を重複してつくらないようにしています。そのため、館さんのところに来る点訳の依頼は、人気の本や新しい本よりも、ふだん点訳されないようなものがたくさんあります。点訳ボランティアをしていても、自分の好きな本は読めないかもしれないと言います。館さんは読書が特別に好きというわけではなく、統計データの本を読んでいても「へえ、こんな現状なんだ」と思えるタイプなので、どんなものの点訳でも大丈夫だそうです。楽しい本の点訳ばかりではないので、いろいろなものに興味をもてる姿勢が大切です。

点訳ボランティアのスキル

　点訳ボランティアには、調べることを面倒くさがらない姿勢が求められます。
　館さんは、点字の講習会で講師として教えているので、点字の表記やルールなどを頭に入れています。ただ、講習会では、あいまいなところに限って質問を受けるそうです。そういうときは、わからないことやあいまいなことは持ち帰って、辞書やインターネットで調べたり、先輩や先生に聞いたりして答えます。ある程度のルールを頭に入れつつ、迷ったところは調べることが点訳ボランティアには大切で、館さんは、調べることが好きだと言います。

点訳ボランティアの勉強会

館さんが講習会などで教えた点訳ボランティアがつくった勉強会。館さんは点訳ボランティアの顔を見ながら、点訳中に迷ったところなど、こまかい質問にていねいに答えていく。

点訳ボランティアのこだわり

　館さんのこだわりは、あまり自分を信じないで、知っていると思ったことでも調べることです。町名や人名、その他の難しい読みをすべて調べます。
　昔は図書館でしか調べられないことがたくさんあり、10冊くらい調べても2か所見つかるくらいでした。今はネットでの検索が便利になったので、パソコンでほとんど調べられます。ただし、調べているうちに、おもしろくなって、本を1冊読んでしまう場合もあります。速く正確に点訳する必要があるので、事前調査に時間がかかりすぎないように、ある程度のところで見切りをつけなければなりません。

館佳子さん

点訳ボランティアの苦労

　点訳ボランティアには、完ぺきで当たり前というプレッシャーがあります。点字は1つの点の位置をまちがえただけで別の文字になって、読めなくなってしまうからです。館さんは、誤字・脱字・誤読などの指摘を受けると、「ああ、やってしまった」とへこむし、本当に申し訳なくなると言います。
　これは完全に大丈夫と思いこんで、調べなかったところに限って、ミスが出てしまうそうです。9個調べても、調べなかった1個にミスが出るので、わかりきっていることでも、調べるように心がけています。

点訳ボランティアのやりがい

　館さんは、指で読むことは、目で読む読書の感覚に近いと思っています。80%の情報を遮断されているといわれる視覚障害者のために、そのお手伝いをできることが、館さんのやりがいです。
　ただし、館さんは、点訳だけでなく、視覚障害者に寄りそうことの方を大切にしています。点訳ができなくても、もっとも困るだろう外出のときのお手伝いや、ことばで情報を伝えることなど、視覚障害者の方のためになることは、たくさんある。だから、町などで危ないと思ったら、まず勇気を出して誰でも声をかけてほしいと講習会で伝えています。

館さんは、凸面でも凹面でも触読でも、向かい合って対面でも、点字を読める。

点訳ボランティアに聞いてみたい！

✋ 点訳の仕事をボランティアで続けているのは、どうしてですか？

　自分が仕事さがしで困っていたとき、ボランティアセンターの職員募集があるよと教えてくれたのが、ふたりの視覚障害の友だちだったんですよ。80％の情報から遮断されているといわれる人たちが仕事を紹介してくれた。それが、すごくうれしかったし、そのふたりは、今でも大切な友だちです。

　そのうちのひとりは、膠原病で視覚障害になられた方で。その友だちが電話で、「こういう障害がまたひとつ増えた」「どうして、わたしだけこんなに障害を背負うのかなあ」ってめずらしく弱音をはいたんです。返すことばが見つかりませんでした。で

もすぐに、カラッと明るい声で「でも、わたしが3つ障害を持ったら、3人の人が救われているのかなあ」と、おっしゃったんですよ。それで「あ、もしかしたら、わたしが彼女に救われているのかもしれない」と思ったんです。

　本当はボランティアは広く一般のためにといわれますけど、わたしは特化しているかもしれないです。わたしひとりでは全員の人のサポートはできません。だからこそ、講習会などを通して、ひとりでも多くの人が大切な人に寄りそってほしいという気持ちを伝えています。

✋ どうやって、指で点字を読めるようになったんですか？

　触読は、最初はなんとなく読めても、文章を読むのは難しかったです。ただ、数年前、友だちが13ページくらいの点字の手紙をくれたんです。目では読まないようにして、45分くらいの通勤電車で読んでいたんです。すごく時間がかかるんですよ。今だったら10分くらいで読めると思うんですけど、最初は1ページいかない。でも、友だちが書いてくれていると思ったから、どうしても読みたかった。

　そこで、教えていた学生さんに、どうやったら読めるようになるかを聞くと、指がしびれるくらいに読んだと言われて。本当にその通りだったと思うん

ですよ。よくいわれるのが、1ページを10〜15分くらいで読めると、少し読書の感覚が出てきて、おもしろくなってくると。そうでないと、ひとつひとつの単語しか追えないので。

　ふつう、遅くならないように水平に読みなさいと言われるんですよ。けれど、わたしの場合は、垂直にも指を動かして確認します。上に2点、下に2点あって、真ん中2点があいているから「ふ」だと。1字ずつ読んでいって、次の字は文脈で推測もしながら。慣れてくると、だんだん点の全体像がわかるようになってきます。

1冊の本の点訳には、どのくらいの時間がかかりますか？

わたしは正直に言うと、1日に点字で40〜50ページを入力すると、集中できなくなってしまうんです。墨字で10ページくらい。全体が180ページの本だったら18日間、2週間くらいで入力を終えて、2週間くらいで最低でも2回見直して、というのが理想です。

けれど、日本点字図書館には点訳のプロである製版士さんがいて、1日に点字で100ページ以上は楽に入力できると思います。つまり、同じ本でも数日で完成できる。しかも、正確に打てるので、見直しの必要がありません。

日本点字図書館では植村さんがいちばんで、すごく尊敬しているんです。本当に何十ページも、まちがいがないままなんです。点字の辞書もルールも、ぜんぶ頭に入っていて、何も見ないでスラスラ打てるんです。図や表なども素晴らしいですし、植村さんだったら、亜鉛板の中にどんな図を描こうと頭の中でイメージができていて、直接描けて、打てる方です。それに、点字を打つスピードが猛烈です。手打ちの製版機で点訳されているときは、たぶん、ほとんど誤字をされないと思います。

点字プリンターは1部ずつしか印刷できないが、教科書など一度にたくさん印刷するためには、亜鉛板の版をつくる必要がある。

日本点字図書館の製版士、植村さん。印刷用の亜鉛の版に点字を打つには、長年の経験に裏打ちされた高度な技術が求められる。

ペダルを足で踏みながら、6点に対応したキーを手で打ち、印刷用の亜鉛板に点字を打つ足踏み式点字製版機。

読者のみなさんに伝えたいことは、なんですか？

点字を続けるかどうしようか、迷っていたときがあって。当初、入っていた団体は点訳がメインで、寄りそえる他のサポートがなく、わたしはそれを改善したくて、悩んだ時期がありました。そうしたら、お世話になっているボランティアセンターの所長さんが「館さん、だれのために点字をしているの？」「いろいろなことがあっても、その先には届けたい視覚障害者の方がいらっしゃるでしょ」と言ってくださって。当たり前のことだったんですけれど、心に響くものがあって。

あと、やっぱり自分の力量を上回る仕事もあるじゃないですか。それで悩んでいるとき、うちの父が「いまの自分にやれることをやりなさい」と。ミスをしたりすると、やっぱり相当へこみますからね。自分が今まで続けられたのは、ささえになることばをいくつももらえたからだと思います。

背伸びする必要はなくて、自分には今はこれしかできないけど、ここは頑張ってやるという姿勢でいいと思うんです。だから、点訳も、ぜんぶ知識が頭に入っていなくても、調べてできるんだったら、それでいいし。自分の点字でできる範囲の中で、できることをしていけばいいと、思っているんですね。

点字をささえる人 ②

点字図書館職員
（日本ライトハウス情報文化センター）
奥野真里さん

子ども時代　さわることが好きだったんです。両親も、危険なものやさわってはいけないものを除いては、さわることを止めませんでした。クッキングをして遊ぶおもちゃや、布でできたさわる絵本で遊んだり、砂場で友だちとままごとをして遊んだり。公園で遊ぶのも好きで、落ち着きがなく、おてんばだったみたいです。兄の影響もあって、テレビでアニメを見たりもしていました。

好きな教科　小学校低学年のころは、花の観察や動物の飼育などで、外に出かけることも多い理科が好きでした。花や動物にふれることが楽しかったようです。本を読むのが好きだったので、だんだん国語も好きになっていきました。

趣味　最近、マラソンを始めたため、マラソン関係の本をいくつか読んでいます。朝倉宏景さんの『風が吹いたり、花が散ったり』など、視覚障害者が主人公になっているマラソンの本や、今は箱根駅伝がテーマになっている三浦しをんさんの『風が強く吹いている』を読んでいます。

部活　高校時代は、フロアバレーボールに熱中していました。しゃがんだり、中腰の格好でかまえ、低く張られたネットの下を、ものすごい勢いでバレーボールを転がして競うスポーツです。

寮生活　高校時代の寮生活は、毎日が合宿のようで楽しかったです。お休みの日は友だちとカラオケに行ったり、洋服やアクセサリーを買いに行ったりしていました。門限をすぎると、寮の先生にすごく怒られました。

昭和時代はじめの日本ライトハウスの点訳ボランティア。奥野さんがつとめる日本ライトハウスは、日本で初めての視覚障害者総合福祉施設です。1922年（大正11年）、中途視覚障害者である岩橋武夫によってつくられました。

点字図書館職員という仕事

奥野さんは、大阪市内にある社会福祉法人日本ライトハウス情報文化センター（点字図書館）の点字製作係で、主任をつとめています。おもな仕事は、点訳ボランティアの指導やサポートです。点訳ボランティアの相談窓口となったり、製作する墨字の図書を選んだり、点字の触読校正をおこなっています。

日本ライトハウスでは、自治体や企業からパンフレットなどの点訳依頼を受けることもあり、その相談の窓口もしています。このほか、点字指導員として点訳ボランティア養成講座の講師をつとめるなど、点字にかかわるたくさんの仕事をおこなっています。

点字との出会い

奥野さんは、3歳半のときに病気で目が見えなくなりました。小学校から盲学校に入学し、点字を学びました。はじめは真剣に点字を学びたいと思っていませんでしたが、盲学校は少人数のため、個々に合わせたペースで学習できることもあり、点字に興味を持つように担任の先生が工夫してくれました。

盲学校では、まず指先で点の感覚を認識するところから始めます。6つの点のうち1つだけピンが飛び出ていて、それが何番目の点かをゲーム感覚であてたりします。感覚が身についてきたら、五十音や濁音などの文字認識に移行していきます。

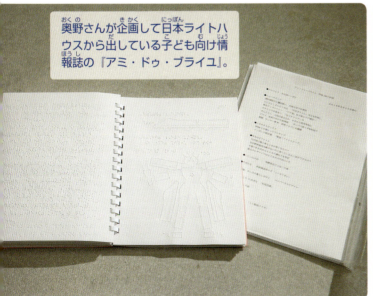
奥野さんが企画して日本ライトハウスから出している子ども向け情報誌の『アミ・ドゥ・ブライユ』。

点字図書館職員になるまで

中学校は地元の盲学校で学び、高校は英数国理社の5教科と面接で受験して、国立の盲学校（現在の筑波大学附属視覚特別支援学校）に進学しました。

京都の大学に進学すると、まわりがみんな晴眼者という環境になり、どのようにとけこんでいったらいいのかを悩んだ時期もありました。しかし、なんでも話せる友だちができ、人間関係力がつきました。大学院で英語学を学んでいたころ、日本ライトハウスで触読校正のアルバイトを始め、週に何回か通いました。その後、名古屋ライトハウスにつとめ、今と同じように点字図書を製作するようになりました。

点字図書館職員の道具

奥野さんの仕事にとって、音声パソコンは欠かせません。パソコンに点字ディスプレイやイヤホンをつないで、点字図書の製作や校正をはじめ、メールを書いたり、インターネットでわからないことを調べたりもしています。ブレイルメモ（2巻39ページ）、スマートフォン、触読時計も役立っています。

奥野さんはメモをたくさんとるので、点字が何行か書ける大きめの付せんに点字器でメモをして、かならず自分がさわるところにはっておくと決めています。書類を整理するクリアファイルにも、仕事ごとに付せんをはって、わかるようにしています。

点字図書をつくる難しさ

奥野さんは、点訳の仕事を始めて、墨字の本には縦書きと横書きがあり、文字の大きさや形を変えられるなど、さまざまにレイアウトできることを知り、おどろきました。点字はかならず横書きで、一定の大きさの点で表現され、Ｂ５サイズの紙に書ける文字数も限られるからです。そうした制約の中で、わかりやすく点字で表現するルールがあることも知りました。さまざまなレイアウトで表現された墨字を、どのように点訳したら、わかりやすく読んでもらえるか。それを考えるのが点字図書をつくる難しさや悩みどころであり、醍醐味や楽しさでもあります。

シールは、1回はがすと使えなくなってしまうので、気軽にはったり、はがしたりできる付せんを使っている。付せんには携帯用点字器（2巻36ページ）で点字のメモを打つ。

点字図書館の職場

点字製作係の職員4名のうち、晴眼者は2名、触読校正ができる視覚障害者は2名です。それぞれに担当を決めて、点字表記に関するくわしいコメントやアドバイスは視覚障害職員が、墨字での処理が必要なことは晴眼者がおこない、それを視覚障害職員にも口頭で伝えています。奥野さんは、パソコンの前にいる時間が多く、そこで仕事が完結しているような気になってしまうので、ほかの職員とのコミュニケーションを大切にしているそうです。同じフロアにいるときでも、席を外すときは「どこにいます」など、ちょっとした声かけをしています。

点訳ボランティアとの関係

奥野さんは、ほぼ全員の点訳ボランティアと接することができ、多くの方に協力してもらえることに感謝しています。

それぞれの点訳ボランティアとの何気ない日常会話の中で、こんな本を点訳したいという希望などに耳をかたむけています。旅行が好きだと聞いたら、ガイドブックの点訳をお願いできるのではないかと、こっそりさぐっているそうです。

それでも、ご家族の転勤や介護などで点訳がストップしてしまうこともあり、かわりの人を探すのに苦労することもあるそうです。

日本ライトハウスでは、約200人ほどの点訳ボランティアが活躍している。

点字図書館職員のこだわり

奥野さんは子どものとき、ファッション誌を読みたくて、弱視の友だちなどに読んでもらっていました。点訳された雑誌がなかったからです。また、マンガを読みたくても、点訳された本が少なかったそうです。その経験から、イラストやマンガなど、いろいろな方法で表現されている本の点訳にチャレンジしていきたいと思っています。

読みたい本が点訳されていなくて残念な思いをする読者はたくさんいます。写真・図・グラフ・イラストなどの表現を点訳するためには、ことばで説明を補わなくてはならず、経験や技術が求められます。

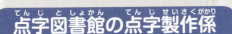

点字図書館の点字製作係

こまかな声かけがあることで、見えている人も見えない人も、情報が共有しやすくなる。そのような、さりげない気づかいがあれば、視覚障害者向けの設備がすべて整っていない職場でも、ある程度はカバーできるのではないかと奥野さんは言う。

墨字で書かれた書類は、さわってもわからないので、それを整理するクリアファイルも必需品。

点字図書館職員に聞いてみたい！

✋ どうやって点字の触読が速くなったのですか？

盲学校は人数が少ないので、年齢に関係なく、ちがう学年のお友だちと遊んでいました。まわりに点字を読む先輩がいて、その先輩より速く読みたいと競争していました。それで速くなったのかもしれないですね。

盲学校の図書館に新しい点字図書が入ると、とりあえず、いちばんにその本を借りたくて、読んでいる本を速く読み終えようとしていたと思います。

本を読むのは好きで、最初は童話とか昔話みたいなものから入ったと思うんですけれど、きっと紙にふれるのも好きだったんですね。

松谷みよ子さんの作品がすごく好きで、モモちゃんシリーズは、何度も読みました。モモちゃんが雲の上に行くお話があって、雲がわたあめみたいで、乗ってみたらフワフワだったっていうところがあったんです。それを読んで、雲ってふだん見えていないけれど、そうか、わたあめみたいにフワフワしたものなんだって、すごく印象に残って。想像する楽しさを知りました。わたあめは、お祭りとかでさわったり食べたことがあったので、フワフワなことは知っていました。たとえってイメージも広がるし、物語ではやっぱり大事ですね。

✋ 盲学校は、どんなところでしたか？

小学校高学年くらいから思春期にさしかかってきて、自分は目が見えないということを感じるようになりました。だんだん自分のやりたいことが見つかって、チャレンジしたくても、目が見えないわたしはできないんだなと感じさせられることが出てきて。目の見える友だちはできるのに、わたしはできない。ああ、どうしたらいいんだろうと悩んでいました。

でも、わたしの心情を理解してくれた盲学校の先生が、いろいろと話を聞いてくださって。たとえば、見える人は、みんな平気で、自分で買い物に行きますけれど、わたしはなかなかひとりではできないので、悔しいみたいなことを言う。すると、先生が、じゃあ、どこどこまでひとりで行けるように、訓練をしてみようかという感じで言ってくださって。それがだんだん自信にもなっていくんですよね。

高校に入ると、同じ視覚障害の友だちが増えて、弱視でいろいろな見え方の友だちもできました。すると、いろいろな刺激を受け、自分の立ち位置を考えるようになるんですよね。見えない友だちが、自分にはできないことをすんなりやってしまうと、じゃあ、わたしもできるかもしれないと、良い意味で刺激を受けたりしていました。

点字図書館職員のやりがいは、なんですか？

いろいろな人に点字を知ってもらえたらいいなあと期待しています。そして、点字が視覚障害者への理解のきっかけになってほしいと思っているんです。

たとえば、点訳ボランティアの方から、目の見えにくい知り合いに点字を紹介したいけれど、どうしたら良いですかと、相談を受けたことがあります。きっかけは点字でも、そこから視覚障害者が生活で困っていることや、工夫すればできることを知ってもらえるかもしれない。視覚障害者を見かけたら声をかけてくださいとお願いすれば、そこから家族や友人に話してもらえるかもしれない。そうして、どんどんネットワークが広がり、視覚障害者のことをもっと多くの方に知ってもらえたらと考えています。

高齢になって目が見えづらくなったり、途中で見えなくなった人の中には、もうわたしは何もできないとあきらめてしまう方も多いと思うんです。でも、そうじゃない。工夫をすれば、今までどおりの日常生活をおくれるようになる手がかりが、点字図書館に行けばあるということを知っていただきたいんですよね。見えなくなったから、ずっと家にいますとか、外出できなくなったというお話を聞くと、すごく残念だし、胸が痛くなるんです。

読者のみなさんに伝えたいことは、なんですか？

最近、視覚を使わないワークショップや、さわる絵本展などが各地で開かれるようになっているので、そういう企画やイベントに足を運んでほしいなあと思います。見えなくても、さわることで世界が広がる、楽しむことができるということを知ってほしい。こんなこと、今までにしたことないなあという体験を、どんどんしてもらって、いろいろな発想ができるようになってほしいなと思いますね。

お子さんは、「なんで目が見えないの」と率直に言ってくれるんですけれど、大人が「そんなこと聞いちゃダメ」と止めちゃうんですよね。わたしは、そういう率直な子どもの疑問って大事だと思うので、視覚障害者の人を見かけたら声をかけてほしいなと思います。困ったことはないですかとか、そういうことでもいいですし。自分で直接経験したことは、いちばん印象に残ると思うので。

まだまだ視覚障害者が特別視されていると肌で感じることはあります。でも、どういうふうに声をかけたり、手を貸したりしたらいいのかがわかれば、自然にコミュニケーションがとれるようになると思います。なんとか最初の垣根を乗り越えて、お互いに理解しあえる社会になるといいですね。

点字をささえる人 ③

点字指導員
（静岡県視覚障害者情報支援センター）
黒崎よし乃さん

家族 主人と猫のみいちゃんとの3人暮らしです。休日は猫と遊ぶのがリラックスの方法です。

子ども時代 動物が大好きで、今も拾った猫を飼っています。缶けりなど、友だちと外で遊ぶのが好きでした。中学生時代は、部活でバスケットボールをやっていました。

通勤 大人になってから本を読むことが大切だなと思うようになり、通勤電車の往復30分くらいで読書をしています。荻原浩や宮本輝の作品が好きです。電車を降りてからは、職場まで歩くようにしています。

趣味 年に数回ですが、市民ランナーとして短距離のマラソン大会に出かけています。いろいろなところへ行き、各地の名産品を味わえるのが楽しみです。

好きな教科 小中高は公立の学校、大学は教育学部の数学科へ。勉強は親に怒られないようにがんばっていました。答えがひとつなので、数学が好きでした。けど、点字をやるようになってからは、国語が大切だと思うようになりました。

黒崎さんの家族である猫のみいちゃん。

点字指導員という仕事

黒崎さんは、静岡県視覚障害者情報支援センター内にある図書情報部門（点字図書館）で、点字指導員として、おもに点訳ボランティアの養成・点字図書の製作・点訳のとりまとめ・利用者向け広報誌の製作などをおこなっています。

また、本・学校からもらったプリント・お弁当屋さんのメニューなどを点訳してほしいという、さまざまなプライベートの点訳を引き受けるサービスも大切な仕事です。これは、「ちょこっと点訳」と呼ばれ、月に1回くらいのオーダーがあります。

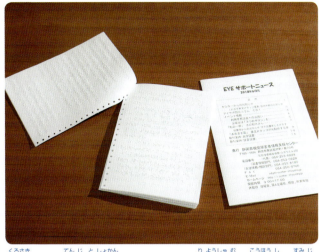

黒崎さんの点字図書館でつくっている利用者向け広報誌。墨字と点字と音声のものがある。点字図書や録音図書の新刊案内をはじめ、話題の本の紹介や防災に役立つ情報などものっている。

点訳ボランティアの質問に答える黒崎さん。情報支援センターに所属している点訳ボランティアは約100名。点訳ボランティアは、点字図書館に集まる曜日ごとに、月〜金の5つのグループに分かれて点訳に取り組んでいる。

点字との出会い

黒崎さんの点字歴は約16年です。黒崎さんは、もともと学校の先生でしたが、結婚を機に専業主婦になりました。その後、ご主人の知り合いが点訳ボランティアをしているという話を聞き、点字に興味をもちます。ちょうど、そのタイミングで、新聞の点訳ボランティア養成講習会の案内を見て応募し、点訳ボランティアの訓練を受けました。点訳ボランティアの魅力にみせられ、楽しく点訳に取り組んでいましたが、スキルアップのために点字技能師と点字指導員の資格をとったタイミングで、今の点字指導員の仕事をまかされるようになりました。

点訳ボランティアの養成

黒崎さんは、教員として勤めた経験と、点訳ボランティアとしてのキャリアをいかして、1年半の点訳ボランティア養成講座で講師をしています。この養成講座は、視覚障害者の全般的なことを学ぶ入門コース、点字の基礎を学ぶ初級コース、そして中級コースと実践コースの4コースに分かれています。

すべてのコースを修了した人は、5つある点訳ボランティアのグループいずれかに配属されます。そして、自分の担当する本について、1週間ごとに先輩ボランティアから対面で教えてもらいながら、デビュー作をつくっていきます。

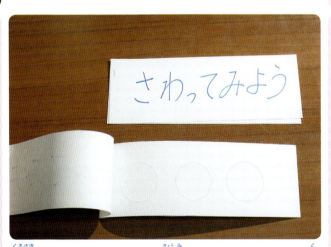

黒崎さんが、「さわること」に興味をもってもらうために工夫した養成講座の教材。晴眼者が手でさわっただけでは、角がわからず、信号機のような3つの○があるように思う。触読に慣れた人には、角があることがわかる。

点字指導員のスキル

　誤字・脱字・誤読があると、まちがった情報のまま読者が読んでしまうので、気をつけなければなりません。そのため、点字図書を完成させるには、こまかいところまで気をつかえることが必要です。点字の読み書きの技術はもちろん、地道にコツコツと取り組める根気も求められるのです。

　また、点訳作業は、難しいことばの読み方などを辞書やインターネットでこまかく調べながら、おこなわれます。悩んだら、とにかく辞書をちゃんと引くことが大切になります。黒崎さんは、調べるのを好きな人が点字に取り組んでほしいと言います。

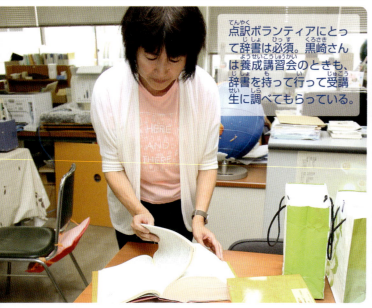

点訳ボランティアにとって辞書は必須。黒崎さんは養成講習会のときも、辞書を持って行って受講生に調べてもらっている。

点字指導員の道具

　黒崎さんは、点訳ボランティアが自宅のパソコンで作成してきた点字のデータをとりまとめています。昔はこれを紙に書き出して校正をしていましたが、現在は校正機能が付いているパソコンの点訳ソフトを使って、点訳ボランティアが効率よくチェックをしています。

　黒崎さんは、点訳ボランティアの養成講習会で使う練習問題や宿題の校正のやり取り・添削も、このソフトでおこなっています。このような練習問題や宿題などの教材をつくるうえでは、過去に学校の先生としてつとめていた経験が役立っています。

点字図書館の点訳作業室

黒崎さんは、つねに感謝の気持ちをもち、点訳ボランティアのみなさんがなんでも相談しやすい立場でいたいと言う。そのために、点訳作業室にひんぱんに顔を出して、つねにコミュニケーションをとるようにしている。

点訳ソフトを使って、自分のデスクのパソコンで点字のデータを校正していく。まちがえた部分や修正した部分は、そこだけ色が変わる。

黒崎よし乃さん

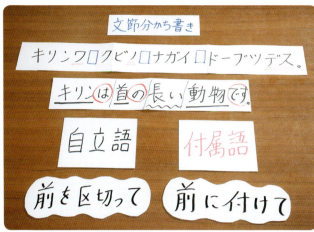

点訳ボランティアの養成講習会で分かち書きを教えるのに使う教材。受講生からは「点字を勉強しに来たけど、国語の勉強をしているみたい」という声をよく聞くらしい。黒崎さんは、点訳ボランティアには国語力があった方が良いと言う。

点字指導員の職場

黒崎さんは、「点字をささえる人びと」は点訳ボランティアなしには語れないと言います。一緒に過ごしてきた点訳ボランティアの先輩たちが、点字の技術はすごくできるのに、決して威張ったりせず、謙虚に無償で取り組んでいる姿勢が尊敬でき、人間として学べる部分がたくさんあるからだそうです。自分自身が点訳ボランティアをしているなかで、そういうことを肌で感じてきたと言います。

点字指導員としての黒崎さんの役目は、点訳ボランティアのみなさんが楽しく気持ちよく作業できるように、できるだけのサポートをすることです。

点字データを印刷して、校正の準備や点字図書の製作をするのも、黒崎さんの大切な仕事。

点字指導員のこだわり

ボランティアは人のためにすることなので、たいへんなことも多くあります。しかし、苦しいばかりではよくないと考える黒崎さんは、自分も点訳ボランティアも楽しいと思えることを大切にしています。

また、点字指導員にも点訳ボランティアにも、点字の技術があるというだけでなく、その前に視覚障害者のためのささえになる、視覚障害者のサポートをしているという意識を持つことが求められます。

だから、点字だけを利用者に強いてはいけないし、点字を読みたい人は点字、音声を聞きたい人は音声を選べるという選択肢が大切になります。

点字指導員に聞いてみたい！

点字指導員や点訳ボランティアのやりがいは、なんですか？

　この仕事を始めるまでは、本屋さんに行くと興味のある本の棚にしか行きませんでした。でも、点訳の仕事では、ふだん目に止まらないような本も点訳するということになって読みこむので、新しい世界が広がったり、専門的な内容にふれたりすることができます。

　わたしの場合は漬け物とかにくわしくなって、ちょっとこれやってみようとかいうこともありました。興味を持てない場合もあるので、そこは葛藤がある場合もありますが、点訳するからにはということで、仕事として取り組めますので。

　それと、月曜日から金曜日の5つのグループのみなさんに、いつも会えるというのがうれしいです。お世話になった先輩たちをはじめ、100名近い人たち全員と接して、一緒に仕事ができるし、多くの人に関わることができるのも、めぐまれた環境かなと思います。5つのグループの全員と会う機会は、全体研修会のときに限られるので。

　そういう多くの人の名前を覚えられるのは教員をやっていたおかげかなと思いますし、講習会で教えるのも楽しいです。授業や教材を工夫して、ちょっとおどろかせるようなしかけをしたいなと思います。

点字を学ぶときに、どんなことに苦労しましたか？

　点訳ボランティアの養成講習会のあいだは、しっかりとしたテキストがあるし、宿題を中心に取り組みながら勉強するのですが、そこまでは苦労しませんでした。パソコンの6点入力も1回おぼえてしまえば、ふつうのキーボードを打つように、すぐにできるようになりますよ。

　養成講習会では、宿題などの添削を受けながら、まちがえやすいところやわかりにくいところは傾向として同じなので、重点的に教えてもらえます。それに、テキストには「まちがえは宝だ」ということばもあるので、まちがえても問題はありません。

　このように点字をやってみたいと思った人は、だれでもできるようになるしくみやサポートは整っています。もちろん、そこまでいたるのに根気はいるし、いろいろとたいへんだと思いますが、点訳ボランティアのみなさんは、やさしいので、新しい人がくると親切に教えてくれるんです。

　点字のルールは複雑なようですが、1回覚えてしまえば、だれでもやろうと思えばできます。とくに子どもたちの方が、覚えるのは早いと思います。子どもたちに点字教室もやったことがありますが、覚えるのはすごく早かったです。

点字指導員や点訳ボランティアとしての難しさは、なんですか？

点訳ボランティアになってからは、時間を決めないと際限なく点訳に取り組んでしまうので、家のことがおろそかになってしまうといけないという加減が難しいです。

それと、最近は文字ではなく、ビジュアルにうったえる本が多くなったので、それをどう表現したらいいかと、悩むことが増えてきました。必要なところに説明を加えるのですが、苦しいやら、楽しいやらという感じです。

点字指導員としては、点訳のやり方で意見が分かれたりすると、わたしに判断を求められることがある。けれど、なかなかわたしも勉強中なところがあって、一緒に悩んで一緒に考えています。逆に、それは楽しいことの方が多くて、苦労と紙一重なところがあります。

点字図書には製作基準があるのですが、本の内容によって例外的なことが出てきて、通り一辺に決めることができないので、そのたびにどうするかという、こまかいところを決めていかなければなりません。そういうときは、その場しのぎの判断にたよらず、信頼できるところにたずねて、しっかり確認してからお答えするようにしています。

読者のみなさんに伝えたいことは、なんですか？

視覚障害者について関心をもつことから始めてほしいです。たとえば、親が盲導犬に触ろうとしたら「盲導犬は仕事中だから、さわっちゃダメだよ」と子どもが教えてあげられるような、子どもから変えられる社会になるといいなと思います。そういう、やさしい気持ちをもって点字をやりたいという人に、わたしはこの仕事を引きついでいきたいと思います。

それと、いろんなことに興味を持って、いろんな本をたくさん読んで、ことばを磨いていってほしいと思います。行くを「いく」と読むか、「ゆく」と読むか。どちらの漢字の読み方が美しいのかという感性は、たくさんの本に接することで、つちかっていけるので。自分が知らないジャンルの本を点訳することもあるので、調べることが楽しいと思えるような勉強のやり方を身につけてくれれば、いずれ点字をやりたいという気持ちに結びつくかもしれないなと。わたし自身、もう一度時間をもどれるなら、もっともっと本を読んでおけば良かったなあと後悔しているので。年をとってからも、もちろん十分に、もう少しがんばれるかなと思いますけれど、若い人であれば時間はたっぷりあるので、もっとできるのかなと思います。

点字新聞って、なに？

点字で書かれた点字新聞は、目の不自由な人びとにとって、大切な情報源になっているよ。日本で定期的に発行されている点字新聞は、『点字毎日』だけなんだよ。

日本でただひとつの点字新聞『点字毎日』

　日本の点字新聞は、毎日新聞社が発行する『点字毎日』だけです。『点字毎日』は、点字だけの点字版と、同じ内容が活字で書かれた活字版、音声で聞くことができる音声版が発行されています。これは『毎日新聞』を点訳したものではなく、独自の取材にもとづき、目の不自由な人のために独自の記事が作成され、編集されています。

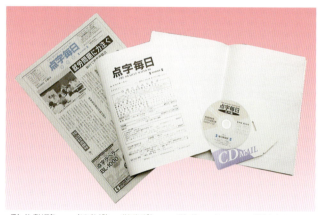

『点字毎日』の活字版や音声版は、点字を読めない弱視者や、目の見える人たちに読まれている。

大正時代から休みなく発行されてきた

　『点字毎日』の点字版は、毎週1回、日曜日に発行される週刊新聞です。その創刊は大正時代の1922年までさかのぼります。以来、戦争中も、震災がおこっても、休むことなく、発行を続けてきました。サイズはこの本とほぼ同じA4サイズで、ふつう60ページあります。
　点字版をもとに作成される活字版はふつう12ページ、点字版よりも大きめのサイズで、毎週木曜日に発行されています。

『点字毎日』（当時は『点字大阪毎日』）の創刊号。1面には点字の読み方が、中面には高橋是清内閣総理大臣の祝辞や、菊池寛の小説『恩讐の彼方に』が掲載されている。

『点字毎日』でしか手に入らない情報がたくさん

『点字毎日』では、記者がつちかってきた視覚障害に関する知識と人脈をいかして、独自の取材・編集をおこなっています。そのため、『点字毎日』にしかのっていない貴重な情報がたくさんあります。

紙面では、はじめに視覚障害に関する最新のニュース記事が紹介されています。視覚障害者の生活に役立つ情報や、連載・コラム・読者の投稿なども毎週掲載されています。

1955年、『点字毎日』の印刷室をヘレン・ケラー（左）がおとずれ、「こんな立派な機械でできるとは夢にも思わなかった」と、点字製版機をさわった。

『点字毎日』の記事のなかでも、俳句・短歌・川柳などの文芸らんは、根強い人気があるんだよ。

点字大阪毎日は、いよいよ第1号を発刊します。発刊の目的は、失明者に対して自ら読み得る新聞を提供し、本社発行の各種の新聞とあいまちて、新聞の文化的使命を徹底せしめんとするにほかありません。

かくして、一方には盲人に対し、一個の独立せる市民として社会に活動するに必要な知識と勇気と慰安とを与え、他方には、これまで盲人に対して眠れる社会の良心を呼び覚まさんとするにあります。

1922年5月11日付『点字毎日』創刊号の「発刊の言葉」。全盲の中村京太郎初代編集長（右上）が書いたとされている。

『点字毎日』に関するおもなできごと

	西暦年	できごと
大正	1922	『点字大阪毎日』が創刊される
	1923	盲学校用の点字教科書の発行を始める
昭和	1943	『点字毎日』にタイトルを変更する
	1955	ヘレン・ケラーが視察する
	1964	点字毎日文化賞がつくられる
平成	1998	『点字毎日活字版』を始める
	1999	天皇・皇后両陛下が視察される
	2003	『ニュースがわかる点字版』を始める
	2005	『点字毎日音声版』を始める

『点字毎日』ができるまで

♥ 点字と活字の原稿作成

記者が、取材内容・コラムなどの連載・読者の投稿などをまとめ、担当記事の原稿を作成・編集する。活字で書いた原稿は、点字のデータにする。記者は、点字と活字の原稿をそろえて提出するのが基本。

♥ デスクと編集長のチェック

記者が作成した記事の原稿は、デスク（編集次長）と編集長によって、きびしいチェックを受ける。原稿を作成した記者は、このチェックを受けた後の修正まで担当する。

『点字毎日』は、大阪市内にある毎日新聞社の大阪本社で、毎週つくられているよ。『点字毎日』ができるまでの流れを見てみよう！

♥ 完成

最後に、職人の手で2つに折られ、点字新聞が完成する。ほとんどの作業が機械でおこなわれるが、読者に届く前の最後の作業は、職人が1部ずつ心をこめて手でおこなっている。

最後の2つ折り作業でできた職人の手のタコ。

♥ 製本

丁合の機械でページが正しい順番に並んだ新聞は、きれいにそろえて製本機にかけられ、針金で真ん中を止めて製本する。

点字をささえる人 ④

点字新聞記者
（『点字毎日』編集部）
佐木理人さん

家族　家族は妻と娘ふたりで、視覚に障害があるのも、点字使用者もわたしだけ。外出のときはほとんどひとりですが、友人やガイドヘルパーと一緒のこともありますね。

好きな教科　英語の点字には略字や略語があるので、わりと速く読み書きできるんです。そういう面もあって、わたしは英語の成績がまだ良かった方でした。中学校のときも英文法がいちばん好きだったんです。暗号を解くみたいな感じがおもしろくて、規則性もいっぱいあるし、とても楽しくて。英会話はぜんぜんダメだったんですけど、読み書きは好きでした。

趣味　最近は週1回ぐらい、仕事帰りに障害者のスポーツセンターに通っています。ルームランナー・エアロバイク・柔軟・腹筋など、1時間くらい体を動かしています。そうすると、足も軽く感じるし、肩こりも楽になるし、頭もすっきりするんです。

アニメや映画　見えているときからアニメが好きなので、アニメ好きの同僚と一緒に映画を見に行きます。今はテレビで「キャプテン翼」を見ていますし、「ドラゴンボール」もずっと見ています。昔録画したアニメ版の「宇宙兄弟」も大好きです。映画館で同期させて音声解説を聞くことができるUDCastというアプリがあって、活用しています。このあいだも妻と「万引き家族」を見に行きました。

点字新聞記者という仕事

佐木さんは、点字毎日編集部で唯一の全盲の記者で、取材して記事を書いています。電話を使うこともありますが、基本的にはひとりで全国各地に出かけて取材します。読者と同じ視覚障害者として気になる、被災地や駅のホームの転落事故の検証なども、できる限り、同僚の記者や専門家と取材に行きます。

佐木さんは、週に2回、点字新聞の触読校正も担当しています。目の見える校正者とコンビを組んで、校正で気づいた点を伝え、誤字や脱字などを修正します。内容は編集長やデスク（編集次長）に確認し、視覚障害者に読みやすいように記事を工夫します。

活字版に必要な写真こそ、その場でしか撮れないので、自分のカメラを持って行く。どんな構図の写真がほしいかを現地でお願いして、撮ってもらう。

佐木さんとコンビを組む井下さん（手前）は、点字のプロ。佐木さんの校正意見で点字のデータを修正していく。

点字との出会い

佐木さんは、生まれたときから緑内障の弱視で、視力は左目が0.04、右目は光がわかる程度でした。弱視教育をしている小中学校に通っていましたが、中学校に上がるころに視力が落ちてしまいました。

大学に行きたいという思いがあった佐木さんは、高校から盲学校に入り、点字と歩行の訓練を本格的に受けました。点字の習得をがんばったのは、大学受験で試験時間内に問題を読まなければならないからです。高校時代はなかなか歩けもしないし、点字もできなかったので、それをフル活用する記者の仕事をしているのは不思議だと佐木さんは言います。

点字新聞の記者になるまで

佐木さんは、大学や大学院では、関心のあった英語学を専門に学んでいました。ところが、大学生の時に地下鉄の駅のホームから転落する事故にあい、大けがをしたものの、奇跡的に助かりました。そして、国による賠償や、事故にあった駅のホームに柵を設置するよう求める裁判をおこしました（38〜39ページ）。

その後、障害者自立支援センターのカウンセラーや、大学・専門学校の点字授業の講師をしているときに、点字毎日から触読校正の仕事の誘いを受け、やがて点字毎日の記者になりました。

点字新聞の取材

　全盲の記者である佐木さんは、どうしても目で見た情報を拾えないため、それをどう補うかに苦労すると言います。目の見える人にいろいろなことを教えてもらうこともあるし、見えないからこそ感じる感覚を読み手にも伝えられるように心がけています。
　たとえば、駅のホームの転落事故の取材では、単に転落した場所を確認するだけでなく、事故がおきた曜日のその時間に行くようにして、そのときの電車の音やアナウンスの声がどうだったか、その場所の足の裏の感覚はどうだったか、ホームの柱や傾斜の具合がどうだったかなどを総合的に見ていきます。

『点字毎日』の編集会議

数日後に編集に取りかかる『点字毎日』の記事内容とページ割りを編集部員で確認していく。さらに先の週の記事についても、あらかじめ見通しを立てておく。佐木さんはブレイルセンス（点字ディスプレイのひとつ）に入れたページ割りを読みながら発言し、メモもとっている。

取材では、目の見える人とちがって歩きながらメモをとれないので、ポケットにICレコーダーを入れて、すべて録音しておき、帰ってから文字におこすこともある。

点字新聞の校正

　佐木さんが校正で気をつけているのは、わかりやすく伝えることです。たとえば、「こんしゅう発売の製品です」という場合、新聞では「今週」または「今秋」と書くことがあり、音だけではどちらなのかわかりません。点字毎日では「今秋」を「この秋」とするなど、視覚障害者の読み手がわかりやすい表現となるように、原稿を書いてもらっています。
　こうしたルールは、読者から意見をもらったときに編集長と相談して、メモで残します。点字毎日の点字表記には、読みやすさを考えた分かち書きなど、独自のルールがあります。

編集部内の点字プリンターで触読用の点字の校正ゲラを印刷する佐木さん。

佐木理人さん

佐木さんのブレイルセンス。時間も確認でき、点字の辞書も20個くらい入っているので、わからない言葉を調べられる。

点字新聞記者の道具

　点字でメモやその確認ができる電子手帳のようなブレイルセンスは、佐木さんにとって、なくてはならない道具です。インタビューでは質問をあらかじめブレイルセンスに書いておき、読みながらメモを書きこんでいきます。取材や会議での点字の読み書きがとても多いので、いまだに点字盤だけでコツコツと点字を打つ状態だったら、点字用紙も持ち歩かなければならないし、今の仕事はできないと思うと、佐木さんは言います。また、電話取材では両手を使って点字でメモがとれるように、スマートフォンにつなげたブルートゥースのヘッドホンを使います。

点字新聞記者の職場

　佐木さんの職場の上司や同僚は、見える・見えないということを必要以上に意識していないそうです。
　佐木さんは、どうしても手伝ってもらわないといけないときは、お願いしたいことをいろいろな人に分けてお願いするようにしています。ひとりに、すべてお願いすると、大きな負担をかけてしまうからです。書類を読んでもらったり、取材に同行してもらったり、現場のようすを説明してもらったり、写真をとってもらったりということもあります。そのため、佐木さんとしても、手伝えることがあれば、積極的に手をあげるように心がけているそうです。

原稿を書いたり、校正をしたりするとき、長い時間、パソコンの音声を聞くため、耳を悪くしないように骨伝導のヘッドホンが欠かせない。

点字新聞の記者に聞いてみたい！

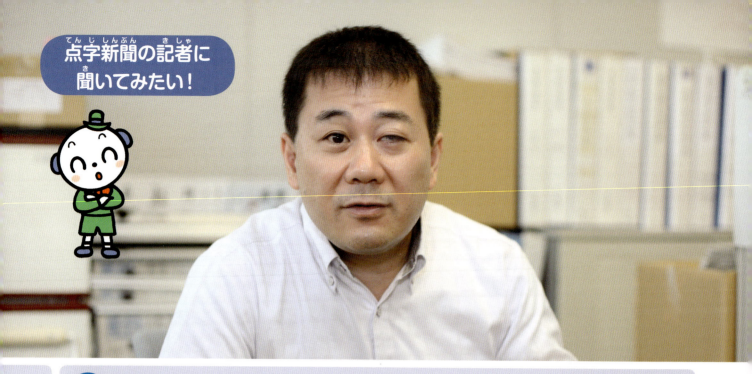

点字を学ぶうえで苦労したことはありますか？

中学生のときに週1回、日本ライトハウス（17ページ）に点字を学びに通っていたんですけれど、五十音はわりとかんたんに覚えられました。そこから、星新一のショートショートとかを読んで、文章も読めるようになって。

いちばんたいへんだったのは、試験です。点訳された点字の問題は分量がたくさんあって、それを時間内に読まなければいけないし、空らんや下線の箇所をさがさないといけないし、ぜんぶ読めたら、たぶんできるんじゃないかなというのが、すごく悔しくて。読む速さでやっぱりクラスメイトにはかなわないから、たいへんだったし、それはもう必死でした。

高1のとき、年下の全盲の彼女ができたんです。点字の手紙をもらって、手紙の書き方とか、マスをあける場所とかを知って、ていねいに点字が書けるようになりました。もらった手紙を見て、ああ、こう書くんだと学んだ気がします。

文通って、点字を習得するのに良いといわれています。相手に手紙を読んでもらわなければいけないし、相手のメッセージを必死に読もうとするので。

点字新聞の記者のやりがいは、なんですか？

視覚障害の人のそのときの思いとか、生活にふれることができるというのは、とてもやりがいを感じます。それに、自分が書いたものを記録として後世に残せるというのは、責任と手ごたえがある仕事です。そのとき、そのときの視覚障害者の状況をていねいに、広く伝えているのは点字毎日だけなので、しっかり伝えたいという気持ちがあります。

最近は中途で視覚障害者になる方が多いので、そういう人たちに、なにかヒントになるようなものを届けていかなければいけないと、強く感じています。点字が読めないために、点字毎日で話題になっていることで悩んでいる方や、仕事がなくて悩んでいる方も、中途視覚障害者の方にはたくさんいるので。

活躍している人に注目が集まりがちなんだけれど、視覚障害者の生活をたどっていって、そこから出てくるような問題みたいなことを伝えて、視覚障害の読者に「あ、そうだよね」と思ってもらえるものを書きたいと思っています。逆に目が見えている人たちが読んだとき、「あ、そうなんだ」と思ってもらえるものを届けられたらなと、思うんです。

佐木理人さん

点字新聞の記者としてのこだわりは、なんですか？

わたしの根底には悔しさっていうのがすごくあって。目が見えなくなって悔しくて、中学のときに一生懸命勉強をがんばった。盲学校では点字も歩行もできなくて、同級生に世話になったり、軽く見られたりして悔しくて、なんとかしようと思ってきたし、大学も、行きたかったところには行けなくて。

見えないだけで何かができないというのは、そうじゃないよなと思うんです。見えないことが悔しいというよりも。見えないだけでできないというのが悔しいから、なんとかできないかなと思って、やってみる。あきらめることもあるんですけど。

取材先で乗ったタクシーの運転手に「何の仕事をしているんですか」と聞かれ、「新聞記者なんです」と答えると、おどろかれるんですけれど、「点字の新聞があって」と説明すると、「ああそうですよね」と言われたことがある。それは、やっぱり悔しいんですよね。

見える・見えないにかかわらず、それなりのものを書きたいと思っているし、見えないから、この程度の記事だよねと思われたくないので、こだわりたいこともあるし。同僚の記者に負けない記事を書きたいといつも思っています。

読者のみなさんに伝えたいことは、なんですか？

コラムのような短い記事を書くとき、まずは点字で書くんですよ。それを漢字かな交じりの文におこします。長い記事は、ざーっとテキストで書いたものを点字に自動変換し、指で読んでいく。改めて点字でじっくり読んで修正を入れていって、漢字かな交じりの文に反映していくという手順ですね。

そのときに感じるのは、テキストで書いて音で聞いて、良いかなと思ったものでも、やっぱり点字で読むと、ちがうんですよね。指で読むと、ことばが重なっていたり、意味が通っていなかったりするところに気づくんです。指で読むと、かなり直しが出てきますね。音で聞くだけだとスーッと流れていくから、良いように感じるけれど、思考を深めるのは、やっぱり点字なんです。

点字といえば、指で「読む」ものというイメージしかないかもしれませんが、読書をしたり情報を得たりするだけの文字ではなく、文章を書いて思考を深めたり、情報を発信したりするものでもあるんだよということを是非とも知ってほしいですね。記者というのは、点字をフル活用する仕事だと思います。

そんなわたしの夢は、いつか宇宙に行って、全盲の記者として感じたことをルポで書くことなんです。

経験者が語る駅のホーム転落事故

点字毎日記者の佐木理人さんは、大学時代に駅のホームから転落して、電車に引きずられる事故にあいながら、奇跡的に助かったんだ。
転落事故について、佐木さんの貴重な証言を聞いてみよう！

転落事故にあうまで

　1995年10月、当時は大学3年生で、夜に大学の授業が終わって、翌日に英検の試験を受けることになっていたので、会場に近い実家に帰るところでした。
　友人と一緒に途中の駅まで帰ってきて、電車に乗せてもらいました。このとき、自分は最後尾の車両に乗ったと思ったんです。

駅のホームから転落

　駅で電車を降りて歩き出そうとしたとき、いつも利用する階段はホームの真ん中くらいにあるので、前の方に行こうと、どんどん進んでいきました。
　ところが、わたしがじっさいに乗ったのは、前から3両目の車両だったんです。なので、さらに前に進んで行くと、ホームの端に近づくことになります。そうして歩いていたら、壁のようなものにぶつかりました。それはホームの端の壁なので、その先には何もありません。
　けれど、わたしは最後尾の車両に乗ったと思っていたから、ぶつかったのは階段の

駅のホーム転落事故を経験した佐木理人さん。

裏の壁だと思ったんです。
　この壁をまわりこめば、階段があると思って、線路側に近づいていったら、自分が降りて出発した電車に杖を飛ばされました。「しまった」と思ったら、次は体が数m飛ばされて。それでも、電車はすぐに止められないので、十数m引きずられてしまい、あと数m引きずられていたら、線路のそばにある高圧線にふれて、体が丸焦げになっているところでした。

奇跡的に助かる

電車に引きずられて、左の上腕と足が折れて、頭も大けがを負って33針ほど縫いました。病院に運ばれてから、3日ほど意識がなかったとも聞きました。

電車に引きずられたのに、なぜ、首が折れなかったかというと、試験を受けるために点字タイプライターを入れたリュックを背負っていて、それで首が持ち上がった状態で引きずられたからのようです。車掌は、わたしが電車に近づいていくようすが見えたので、あわててブレーキをかけたとのことです。

病院に運ばれてから2か月は車いすにも乗れなくて。歩き始めたのは、半年くらい経ってから。大学も休学して。血液も3分の2くらい入れ替えました。

裁判のための会を立ち上げたとき、さまざまな団体を超えて、さまざまな人が応援してくれたという。また、今につながる人脈ができて、仕事にも役立っている。

佐木訴訟

この転落事故の4年後、佐木さんは、地下鉄事業者である市を相手に、事故がおこった駅のホームの端に柵をつけてほしいと裁判をおこしました。「同じような事故を二度とくり返さないように」という思いからです。

佐木さん自身、このときに視覚障害者のホームからの転落事故がとても多いことを初めて知り、そのことを広く知ってほしいと思ったと言います。また、社会における視覚障害者の立場や問題などにも、興味が出てきました。

ところが、地方裁判所での裁判には負けてしまいました。当時の鉄道事業者それぞれの状況を見ると、ホームの柵が設置されていないところが多く、とりわけ事故がおこった駅に不備があるわけではないという理由からです。そこで、さらに上級の高等裁判所に訴え、事故から8年後に和解となりました。

『点字毎日』は、この裁判のことを熱心に報じてくれました。そのため、佐木さんが『点字毎日』の読者に会うと、「裁判の記事を読んでいたよ」と言ってもらい、記者になったことをすごく喜んでくれているそうです。

裁判が終わってからしばらくして、佐木さんが事故にあった駅のホームには柵がつきました。20年後にはホームドア（3巻41ページ）がつき、今では事故のあとは、まったくありません。

視覚支援学校って、どんなところ？

視覚支援学校は、目の見えない・見えにくい子どもたちが学ぶための学校だよ。盲学校と呼ばれてきたけれど、最近は視覚支援学校と呼ばれる学校が増えてきたんだよ。いったい、どんな特色がある学校なのかな？

さまざまな見え方の子どものための学校

視覚支援学校には全盲だけではなく、目の見えにくい弱視の子どもたちも通っていて、その見え方はさまざまです。そのため、点字の指導をはじめ、拡大読書器や音声パソコンを使ったりして、さまざまな授業や試験の工夫がおこなわれています。

教科の授業や学校行事などは一般の学校と同じ

視覚支援学校には小学部と中学部があり、ほかに幼稚部と高等部を置く学校も少なくありません。

視覚支援学校には、視覚障害に特有な難しさを補うための「自立活動」という授業があり、点字や白杖での歩行などの訓練がおこなわれています。しかし、そのほかの教科の授業は、一般の学校と同じ内容です。

放課後の部活動や、運動会・文化祭などの学校行事もさかんにおこなわれています。

筑波大学附属視覚特別支援学校は、日本でただひとつの国立の視覚支援学校。中学部や高等部は全国から受験で生徒を受け入れている。中学部では、点字使用か、墨字使用かでクラスが分かれる。なお、日本には62の視覚支援学校があり、そのうち58は都道府県立。ほかに、国立と私立が1校ずつ、市立が2校ある。

視覚支援学校の廊下には、教室前の警告ブロック（3巻30ページ）のほかに、右側通行のため、廊下の中央を仕切るように黒い線状のブロックが敷かれているところもある。

鍼灸あん摩師になるための職業教育をおこなう理療科

「鍼」「灸」「あん摩マッサージ指圧」の分野は「三療」と呼ばれ、手の感覚をいかして視覚障害者が活躍してきた職業です。

そのため、高等部に専攻科として理療科が置かれている視覚支援学校が多く、鍼・灸・あん摩マッサージ指圧師の資格の国家試験を受けるために、学科や実技の授業がおこなわれています。

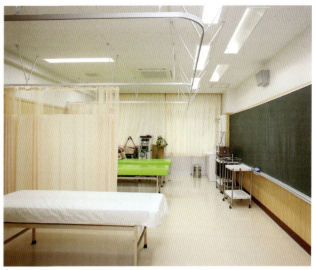
視覚支援学校の理療科の教室には、鍼・灸・あん摩マッサージ指圧の治療をできるベッドが置かれている。

筑波大学附属視覚特別支援学校には、全国でもめずらしい音楽科が置かれている。音楽も視覚障害者が耳をいかして活躍してきた分野のひとつ。

寄宿舎がある視覚支援学校が多い

ほとんどの視覚支援学校には寄宿舎が置かれ、通学の難しい幼児・児童・生徒が入居し、生活しています。各都道府県に置かれた視覚支援学校の数が少なく、遠くの自宅から通学しなければならない場合が多いためです。学校の近くに住んでいても、障害のために自力での通学が難しい場合は、寄宿舎に入ることができます。

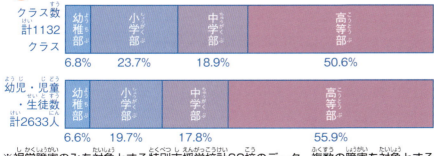

視覚障害対象の特別支援学校のクラス数と生徒数

クラス数 計1132クラス
幼稚部	小学部	中学部	高等部
6.8%	23.7%	18.9%	50.6%

幼児・児童・生徒数 計2633人
幼稚部	小学部	中学部	高等部
6.6%	19.7%	17.8%	55.9%

※視覚障害のみを対象とする特別支援学校計62校のデータ。複数の障害を対象とする特別支援学校は含まれていない。（文部科学省の資料より作成）

義務教育の段階では、特別支援学校ではなく、特別支援学級のある小中学校に通っている子どもが多いんだよ。

点字をささえる人 ⑤

視覚支援学校教諭
（福島県立視覚支援学校）
渡邊寛子さん

通勤
歩いて10分くらいのところに家があります。仕事に復帰したとき、職場から歩いて自力で子どもの小中学校へ授業参観に行けるようにと決めました。

出産と子育て
子どもが3人いて、上のふたりのときは弱視だったから、遠目がきかないとか、鼻水がたれていても透明なのは見えないとか、そういうのはありました。3人目になると、だんだん視野が狭くなってきて、もう顔がぼやけていたから、目鼻立ちはくっきりと見えなかった。産んだ病院で足にマジックで子どもの名前を書いてくれるんですけど、肌色が黒にかぶって見えなくて、とりちがえそうになりました。ワゴンに乗せられてくるとき、眉毛やまつ毛もないし、目もつぶっているから、白いかたまりにしか見えなかったんです。

趣味
時間があれば、読書です。目が見えなくなってから読んで、おもしろかったのは有川浩。娘が『図書館戦争』をおもしろいと言っていて、いろいろ読み出したんです。シリーズで点訳を待っているのは『カブキブ！』。歌舞伎やミュージカル、宝塚を学生時代に見ていて、けっこう好きです。宝塚は子どもたちが関心を持っているので、連れて行ってあげたいと思っていますが、なかなかチケットがとれなくて。
中学時代から文学少女になったんですけど、井上靖や川端康成が好きで、大学のころは谷崎潤一郎とか太宰治とか、それなりに日本文学史に出てくる人は読みました。でも、やっぱり弱視で顔をつけて読まなければならないので、スピードは遅いです。国語の教員としては、あまり読んでいないかもしれませんね。点字を使うようになると、点字データになっているものが多いので、今の方がたくさん読めますね。

白杖を使わずに、校舎の階段や廊下を自在に歩く渡邊先生。

視覚支援学校の先生という仕事

渡邊寛子さんは、福島県立視覚支援学校・高等部普通科の国語科の先生です。受け持っている授業は、高校1〜3年生の現代文と古文、保健理療科1年生の国語科、それに点字導入の指導です。空き時間や放課後は、授業の準備はもちろん、図書視聴覚部長として、図書館の本の受け入れ・学校にあるパソコンの音声ソフトの整備と管理・図書便りの発行などもおこないます。また、視覚障害者として点字や歩行の訓練を受けた経験があるため、自立活動委員長として、新しく転任してきた先生の研修で、いろいろな見え方についての説明などをおこなっています。

弱視で授業や試験を受けること

渡邊先生は、先天性の緑内障のため、子どものころから裸眼で0.06くらいの弱視で、眼鏡をかけても矯正視力は出ませんでした。しかし、日常の慣れた環境で動けていたので、弱視であることを意識していませんでした。5cmくらいの距離まで目を近づければ、ふつうの教科書も読めたので、高校まで盲学校ではなく、通常の公立の学校に通いました。授業中は黒板が見えないので、予習をしたり、友だちにノートを写させてもらったりして、先生の声を聞いて耳でノートをとりました。大学入試も文字の拡大や時間延長はなく、一般の問題で受験しました。

もともとは全盲の先生どうしが職員室でぶつからないように、足元に鈴をつけていた。今は全盲の生徒が廊下でよけたり、用事のある生徒が鈴の音を聞いて寄ってきたり、渡邊先生が近くに来たことを知らせるのに役立っている。

子どものころから教えるのが好きで、教員になりたかったという。いまの仕事では、病気が進まないように予防やコントロールについて生徒にアドバイスできるので、弱視だった経験をかなりいかせている。

点字との出会い

渡邊先生は、中学生のときに点字クラブに興味がありましたが、じゃんけんで負けて入れませんでした。大学で点訳サークルに入って点字を学び、入試問題や、全盲の学生が使うテキストなどの点訳をおこないました。当時は、自分も点字を使う可能性がそこまであるとは思っていなかったと言います。

大学卒業後、古典を教えることができる高校の国語科の先生になりました。しかし、3人目の子どもを産んだ後に視力が落ちて、失明してしまいます。国語の先生を続けるには教科書を読めなければならないと思い、点字の触読や歩行の訓練を受けました。

点字の指導

渡邊先生は、墨字と点字を同時に学んだり（点字併用）、墨字から点字に切りかえたり（点字切りかえ）する弱視の生徒への点字指導をおこなっています。点字指導は毎日続けていく必要がありますが、放課後は教員の会議・ほかの教科の指導・寄宿舎の行事・金曜日の生徒の帰省などもあるため、点字の指導の時間をとるのが難しく、なかなか進みません。

国語の授業で点字を使っている生徒がいる場合は、ノートのとり方そのものが点字の指導にもなるので、マスのあけ方や記号の使い方といった点字の決まりを授業のなかで指導しています。

点字のテキストを一緒に読みながら、点字タイプライターを使ってノートをとる。しっかりとミスをしないでノートをとれているかどうかが大切なので、指でさわって確認していく。

渡邊先生のデスクの本だなには、分厚い点字の教科書が並ぶ。パソコンのデータを読むのには、音声と点字ディスプレイをあわせて使っている。

視覚支援学校の授業

さまざまな段階の生徒のペースに合わせて少人数での指導がおこなわれ、リラックスして授業を受けることができる。ただし、大学進学を希望する生徒には入試への対策が必要で、学校での成績も大学の推せん入試に影響する。そのため、ある程度、その学年での目標に到達できるように、うまく予習や宿題も使いながら、授業を進めていく。

授業でおさえるポイント

弱視の生徒は、こまかくて見えにくい部分のまちがえやすさがあるため、読めても書けないことが多く、見た目だけで漢字を定着させるのは難しいそうです。その漢字を本当にわかっているか、さらに応用できるかが、あいまいなのです。渡邊先生は、漢字を「へん」や「つくり」などにばらして、生徒にことばで説明させます。さらに熟語の種類を増やすため、訓読み・音読み・同音異義語・さまざまな使い方を質問していきます。きちんと手で漢字を書ける力をつけるため、漢字を分解してことばで説明でき、ちがうことばもつくれるように指導しています。

視覚支援学校の工夫

視覚支援学校には、通常の教科書が読める・文字を拡大した教科書であれば読める・視野の関係で横書きでないと読めない・点字では読めるなど、視力も見え方もさまざまな生徒がいます。そこで、試験問題を拡大する・ルーペを使う・単眼鏡で黒板を見る・タブレット端末を活用するなど、授業・教科書・試験をさまざまに工夫しています。弱視の生徒は見えないために読書が苦手で、情報不足＝知識不足になりがちだと、渡邊先生は言います。高校生になってからでは、本を読んできていない分を補うのは難しいため、良い文章を選ぶようにしています。

大切なポイントを自分が見つけやすいように、ふくらみのあるシールを教科書にはっている。音声は教科書の内容を早くつかむには良いが、シールをはりながら、ていねいに点字で読んでいかないと、きちんと生徒が理解するのは難しいと言う。

視覚支援学校という職場

福島県立視覚支援学校の全盲の先生は渡邊先生と、理療科の先生のふたりだけです。どうしても目で見なければできないことは、しっかりと分担し、「ここから先はお願いしますね」という感じで、ほかの先生にやってもらえているそうです。また、視覚支援学校の先生は、慣れてきたなと思ったら、転勤してしまう場合が多いそうです。転勤して環境が変わると、人間関係も変わり、たいへんな思いをすることもあります。その点、渡邊先生は、14年目でも転勤はなく、人間関係にめぐまれた職場で、のびのびと自分らしく働かせてもらっていると言います。

視覚支援学校の先生のスキル

国語など教科指導の専門的な力量に加えて、それを拡大したり、点字にしたりして教材をつくるため、視覚障害に特有の指導力も必要です。見えにくさや見えないことに気を配りながら、晴眼者の高校生と同じように内容を理解させ、定着させなければならないからです。そのための方法を思いつく発想力が求められます。渡邊先生は、自分のやり方を押しつけないで生徒の立場に立つと、手でさわる教材などのアイデアがいろいろと浮かんでくるのではないかと言います。そのためにも、見え方と、進路の実現を見すえた高校の教科の指導力が必要となります。

視覚支援学校の先生に聞いてみたい！

視覚支援学校の先生のやりがいや魅力は、なんですか？

　教えるときの魅力は、わかってもらったときの喜びですね。へえ、そうだったんだというところから興味・関心が深まる。おもしろかった、わかったというのを、生徒たちが自分のことばで返してくるというか、ひとつ投げかけたらポンポンポンって広がるんですよね。わたしも教科書の指導書に沿った答えをある程度用意しますけど、そこから越えて良い表現が出てくるときがおもしろいですよね。見えていたころは板書例をつくって書き写していましたが、今のわたしは点字の教科書しかないから、ぜんぶ頭の中に入れて、生徒の言った内容で展開していく。

　そこの醍醐味があるんですよね。生徒とのやり取りがおもしろいし、生徒から出てくることばでいかに授業を展開していくかという「なまもの」ですよね。
　だから、こっちからバーって言わないように待つのが難しい。まちがってもいいから、言ってごらんと言えるのが少人数の授業の良いところです。生徒の顔の表情が見えないので、書き終わったかなと気配で待つしかない。でも、1か月くらい授業すると「終わりました」って言ってくれるようになるんですよ。わたしは目を配って手を貸せない分、生徒たちが自分でやってくれるんです。

どういうふうに見えなくなっていったのですか？

　3人目の子どもの妊娠中から、良い方の左目が見えなくなってきたんですね。白くレースのカーテンがかかるような感じになってきて。妊娠・出産後しばらくは、自分の病院どころではないというのがあって、少し我慢し過ぎたという感じです。仕事に復帰して、見えにくいことがどんどん進んでいきました。100円と10円が区別つかず、「先生、大丈夫ですか」と生徒に言われて。授業で教科書の音読をするときも、かなり拡大して濃いコピーをしないと、外側の白が重なってきてしまうんです。真ん中が見えにくくなってきて、見ようと思うところに白いかたまりが重なるから、横目で見なければならない。
　入院や緑内障の手術が決まってからも、期末テストまではやらなければならなくて。見えているうちに仕事をする感じでした。手術後に回復しなくて、提供者を待って左目の角膜移植をしたけれど、見えるようにならなかった。1歳・8歳・13歳・28歳と緑内障の手術をしてきたので、副作用で白内障が出たんですよ。小さいころからの先天性だったし、そんなにもたない、10歳くらいで見えなくなるかもしれないとは言われていたので、よくもった方かなという気はします。

点字を学ぶことには、どんな意味があるんですか?

　点字は学習文字なので、学力をつけるには点字がないと。やっぱり音声では残らないんですよね、流れて消えていってしまう。阿佐博さんという方が言っていましたが、ある程度音声でいける人っていうのは、もう学問や研究の領域。学習や勉強というレベル、学力を伸ばさなきゃいけないレベルは、文字でないときびしいなあと思います。最終的に基礎学力をつけるためには、墨字の子は拡大で読める、点字の子は点字で読むということでないと、きびしい。読書も、耳から入って感想文を書くのは難しいって、生徒たちも言うんですよね。文字で読んで、書いてあるところに行をたどって、もどって、指で考える。
　大学入試では、中途の人が1ページの問題を2分くらいで、子どものときから見えない先天盲の人は1分足らずで読める。その差が、入試で晴眼者と同じレベルで競えるかというところになってくる。今、読むのが遅い人たちに音声の読み上げで受験できるように配慮する動きがありますが、なかなか難しいのではないかと思います。社会に出て、パソコンを使って音声で聞きますっていう人はいると思いますけれど。専門的な内容など、きちんと学びたいことは点字でやりたいのではないかなと思います。

読者のみなさんに伝えたいことは、なんですか?

　視覚障害者と出会うときって、知らないところで会うことが多いじゃないですか。だから、初めての場所で初めて会う人に、見えないから、何もできないと思われがちなんですよね。でも、この学校に来ると、わたしとかスルスル歩いているじゃないですか。視覚障害者は慣れている環境だったら、わりとなんでもできることが、わかってもらえていないんですね。だれだって、ひとりで慣れないところに行って、まったく見えないと歩けないですよね。見えないだけで、慣れればできるようになってくるのが視覚障害者だし、うまく文字を使っていれば仕事もじゅうぶんにできる。保護者の方も、授業の参観だけでは「見えないようには見えない」と言うんです。
　まわりにたくさん人はいるけれど、だれも声を出さないっていう状態が、ものすごく孤立感・孤独感があるんです。電車の指定席で、となりの人が少しせきばらいしてくれたり、少し声を出してくれたりするだけで、なんだか安心感があるんですよ。高校生なのか、男の人なのか、女の人なのかがわかる。だから、白杖を見たら、怖いもの見たさでいいから、勇気を出して「お手伝いしますか」とか、なにか声をかけてもらえると、ありがたいかなあと思います。

監修／日本点字委員会

　1966（昭和41）年、日本における点字表記法の唯一の決定機関として発足。主な事業は「点字表記法の決定と修正」「点字表記法の普及と徹底」「各地域関係各界における点字研究機関の育成と指導」「内外関係諸団体に対する連絡と交渉」「会誌の編集と発行」など。『日本点字表記法』の編集・発行、『点字理科記号解説』『点字数学記号解説』『試験問題の点字表記』などの解説書の編集・発行、点字の啓発パンフレットの配布などをおこなう。また、委員を中心に全国各地で地域小委員会を定期的に開催して、点字表記に関する研究と普及をおこない、それらの成果を持ち寄って研究・協議する総会を年1回開催している。

取材・撮影協力（順不同）／社会福祉法人日本点字図書館・社会福祉法人日本ライトハウス情報文化センター・筑波大学附属視覚特別支援学校・福島県立視覚支援学校・静岡県視覚障害者情報支援センター・毎日新聞社 点字毎日部・社会福祉法人府中市社会福祉協議会・府中市点字講習会・点訳ボランティア　てまり

編集協力／特定非営利活動法人　日本点字普及協会　藤野克己・加藤三保子

撮影／ジーワンスタジオ　青木高康

カバーデザイン／高橋弘将

本文デザイン／岡田　茂

イラスト／きゃんみのる

2018年11月30日　初版第1刷発行
2023年8月30日　初版第3刷発行

監修：日本点字委員会
編集：国土社編集部
発行：株式会社　国土社
　　　〒101-0062　東京都千代田区神田駿河台2-5
　　　TEL 03-6272-6125　　FAX 03-6272-6126
　　　http://www.kokudosha.co.jp
印刷：瞬報社写真印刷　株式会社
製本：株式会社　難波製本

NDC369　48P　28cm
ISBN978-4-337-28404-3
Printed in　Japan　©KOKUDOSHA 2018
落丁本・乱丁本はいつでもおとりかえいたします。

点字をさわってみよう

五十音
基本は母音+子音

ア行	あ	い	う	え	お
カ行	か	き	く	け	こ
サ行	さ	し	す	せ	そ
タ行	た	ち	つ	て	と
ナ行	な	に	ぬ	ね	の
ハ行	は	ひ	ふ	へ	ほ
マ行	ま	み	む	め	も
ヤ行	や		ゆ		よ
ラ行	ら	り	る	れ	ろ
ワ行	わ				を
はつ音符	ん				

だく音
前に ⠐ をつける

が	ぎ	ぐ	げ	ご
ざ	じ	ず	ぜ	ぞ
だ	ぢ	づ	で	ど
ば	び	ぶ	べ	ぼ

半だく音
前に ⠠ をつける

ぱ	ぴ	ぷ	ぺ	ぽ

よう音
前に ⠈ をつける

きゃ	きゅ	きょ
しゃ	しゅ	しょ
ちゃ	ちゅ	ちょ
にゃ	にゅ	にょ
ひゃ	ひゅ	ひょ
みゃ	みゅ	みょ
りゃ	りゅ	りょ

促音符
っ

長音符
ー

数字
前に数符 をつける

1	2	3	4	5	6	7	8	9	0

ようだく音
前に ⠐ をつける

ぎゃ	ぎゅ	ぎょ
じゃ	じゅ	じょ
ぢゃ	ぢゅ	ぢょ
びゃ	びゅ	びょ

よう半だく音
前に ⠠ をつける

ぴゃ	ぴゅ	ぴょ

とくしゅ音

ウィ	ウェ	ウォ	ヴ	ヴァ	ヴィ	ヴェ	ヴォ
クァ	クィ	クェ	クォ	グァ	グィ	グェ	グォ
スィ	ズィ	ツァ	ツィ	ツェ	ツォ		
ティ	ディ	テュ	デュ	トゥ	ドゥ		
ファ	フィ	フェ	フォ	フュ	フョ	ヴュ	ヴョ
イェ	キェ	シェ	ジェ	チェ	ニェ	ヒェ	

アルファベット
前に外字符 ⠰ をつける　大文字は文字の前に大文字符 ⠠ をつける

a	b	c	d	e	f	g	h	i
j	k	l	m	n	o	p	q	r
s	t	u	v	w	x	y	z	

記号・符号

。	、	！	？	・・・	〜	―	・・・	「　」	『　』	（　）
句点	読点	感嘆符	疑問符	中点	波線	棒線	点線	かぎ	二重かぎ	まるカッコ

数字や数式で使う記号

＋	−	×	÷	＝	．
加号	減号	乗号	除号	等号	小数点

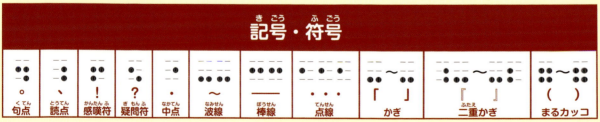

手で読む 心でさわる
やさしい点字

全6巻
監修／日本点字委員会

①点字を読んでみよう　④点字をささえる人びと
②点字を書いてみよう　⑤点字を必要とする人びと
③点字をさがしてみよう　⑥点字を生み出した人びと

※本製品を無断で複製、転載することを禁じます。

© 国土社